El carácter de un líder

EL CARÁCTER DE UN LÍDER

Guillermo Maldonado

Nuestra Visión

Alimentar espiritualmente al pueblo de Dios por medio de enseñanzas, libros y prédicas; y expandir la palabra de Dios a todos los confines de la tierra.

El Carácter de un Líder

Tercera edición 2006

ISBN: 1-59272-120-6

Portada diseñada por:
ERJ Publicaciones

Publicado por:
ERJ Publicaciones

13651 SW 143 Ct., Suite 101, Miami, FL 33186
Tel: (305) 233-3325 - Fax: (305) 675-5770

Categoría:
Liderazgo Personal

Impreso por:
ERJ Publicaciones, EUA

DEDICATORIA

Dedico este libro a todos los grandes hombres de Dios que han entregado su vida al ministerio, y que han contribuido al mover y a las manifestaciones del Espíritu Santo alrededor del mundo, sin importar los obstáculos.

Agradecimiento

Agradezco a todas aquellas personas quienes me han enseñado partes fundamentales del carácter y el carisma que tengo hoy día; sin su ayuda, no hubiera podido recibir todos estos preciosos regalos que Dios tenía para mí.

También, quiero agradecer a mi esposa Ana, quien siempre ha estado conmigo en todos los momentos difíciles de mi vida; dándome su apoyo y orando fielmente por mí, para que yo pudiera superar todas las barreras que se han presentado a lo largo de mi ministerio.

La verdad, ¡es una bendición mirar atrás y ver que todo el esfuerzo ha valido la pena!

ÍNDICE

INTRODUCCIÓN

Hoy día existe una gran escasez de líderes íntegros con un carácter cristalino. Sin embargo, el propósito principal de Dios es desarrollar nuestro carácter; sin importar por cuántas situaciones dolorosas tengamos que pasar. Dios nos lleva a través de circunstancias difíciles y permite muchas cosas para que nuestro carácter sea formado.

"[1]*El peso falso es abominación a Jehová; mas la pesa cabal le agrada"*. *Proverbios 11.1*

Aquí se está hablando de la balanza como figura de lo que es el carácter y el carisma de una persona. Cuando una persona no tiene un balance en el carisma y el carácter, eso va a traer deshonra a Dios. Hoy mismo, en los círculos cristianos, existe este problema en los líderes. Hemos sido testigos de cómo muchos ministerios y ministros han caído por las debilidades del carácter, por no haber lidiado a tiempo con estas faltas. Como consecuencia, ha traído gran vergüenza al evangelio y a la iglesia; por esto es importante que el carisma y el carácter se encuentren a un mismo nivel.

Capítulo Uno

Las Fallas del Carácter

Cada uno de nosotros, si es honesto, puede reconocer que tiene fallas en su carácter. Pero, antes de estudiar estas fallas, debemos reconocer que los dones son dados libremente por gracia, y no porque los merecemos o los hayamos ganado. Usted no llega a ser lo suficientemente santo o maduro para merecerlos. Los dones son dados libre y gratuitamente. Ya sea el don de la vida eterna o los dones del Espíritu Santo, todos vienen de Dios por medio de su gracia. Ellos no están basados en la perfección, la integridad moral, la rectitud doctrinal, ni en ninguna otra característica humana. Lo único que Dios necesita para manifestar sus dones es que haya un vaso dispuesto y que Dios quiera bendecir a alguien a través de él. Nunca se debe asumir que todo está bien en nuestra vida, ya sea porque los enfermos se sanen, los demonios sean expulsados o porque se esté recibiendo mucho dinero. Es necesario detectar las fallas del carácter porque, de lo contrario, éstas destruirán en un día, aquello que se haya logrado construir durante mucho tiempo.

El ministerio que esté basado en los dones, será tan grande como la medida de su carácter. El fundamento sólido de un ministerio es el carácter del individuo. Si tenemos algún problema de carácter, esto nos va a destruir. Por tanto, saque el pecado de su vida o el pecado lo destruirá a usted. Por ejemplo, el evangelista Jimmy Swaggart fue un gran hombre con gracia para predicar y cantar, que atraía a millones de personas a conocer a Cristo en todo el mundo; pero, por falta de carácter, un problema de lascivia lo destruyó en un día. Tenemos la tendencia de darle más importancia a las áreas que creemos que son débiles en nuestra vida, dejando a un lado las áreas que supuestamente son fuertes; sin darnos cuenta que un área fuerte puede convertirse en una doble debilidad. Es el ejemplo de un hombre que dijo que el diablo lo podía atacar en cualquier área menos en el área de la familia, ya que había escrito libros y se dedicaba a hacer seminarios relacionados con la misma. Un año después, terminó cometiendo adulterio, debido a que no cuidó esa área porque la creía fuerte. Cada uno de nosotros puede llegar a tener éxito en cualquier área de la vida por medio de la gracia, los dones, los talentos y las habilidades. Otros pueden llegar a la cima gracias al carisma o porque tienen una cara bonita, pero cualquiera que llegue al éxito debido a estos factores, no se puede sostener arriba por un tiempo prolongado. Lo único que nos mantiene en la cima o con éxito en la vida es el carácter. El éxito solamente se sostiene, por largo tiempo, cuando se logra tener un carácter sólido. El carácter es como un árbol que tiene semillas, raíces, frutos y está rodeado de hierba mala. Hay tres aspectos fundamentales con las cuales tenemos que lidiar:

1. Los malos pensamientos (semilla mala)

Esta semilla, además de ser los malos pensamientos, también son las acciones contrarias a la Palabra, la voluntad y la manera de Dios.

Hay muchos patrones de conducta que desarrollamos a lo largo de nuestra vida, y las fallas del carácter se manifiestan en nuestros pensamientos. Individuos que, continuamente, están teniendo malos pensamientos de envidia, miedo, celo, lascivia, adulterio, venganza, odio, amargura, culpabilidad, muerte y destrucción. Si esto le sucede a un individuo, le llevará a cometer acciones que son contrarias a la Palabra, la voluntad y la forma de Dios. El enemigo usa la mente para traernos pensamientos negativos en forma de semilla, y de esa manera, llevarnos a pecar en contra de Dios. Si rechazamos estas semillas en nuestra mente, no daremos cabida a que estos malos pensamientos nos conduzcan a actuar de una forma negativa. Recordemos que, para que algo se pueda llevar a cabo, primero hay que meditar en ello. Por eso, continuamente, debemos llevar todo pensamiento a la obediencia de Cristo.

2. Las actitudes negativas (hierba mala)

¿Qué es la hierba mala?

Éstas son percepciones y actitudes inapropiadas al responder, que no son bíblicas y que activan atributos negativos. Las actitudes provenientes de malos pensamientos son las que nos conducen a actuar y a reaccionar de manera contraria a la palabra de Dios. Todos sabemos que nuestras actitudes van a determinar nuestras acciones en la vida.

¿Qué es una actitud?

Una actitud es una predisposición interna o estado de ánimo de una persona cuando enfrenta problemas, crisis, presiones y situaciones difíciles de la vida.

Las malas actitudes hacia nosotros mismos, hacia los demás y hacia Dios, nos conducen a reaccionar negativamente; es decir, a actuar de una forma inapropiada ante la vida y a enfrentar problemas en nuestro ministerio, negocio y familia. Por ejemplo, cuando tomamos una actitud negativa hacia alguien que nos ha ofendido, que nos ha herido, criticado, perseguido o desafiado, algunas veces tendemos a reaccionar demasiado duro con la persona, y esto nos puede llevar hasta perder una amistad. Por esta razón, es muy importante conocer que el carácter solamente sale a la superficie cuando estamos bajo presión, crisis y problemas. Una actitud de ira nos puede llevar a destruir, en un momento, lo que nos ha tomado años edificar. Por ejemplo, cuando Moisés golpeó la roca, le costó la entrada a la tierra prometida.

3. Las intenciones y motivos equivocados (raíces malas)

Cuando estos problemas están alojados en las raíces del carácter, debemos tener en cuenta que provienen de herencia generacional, o sea, que vienen a través de nuestra línea sanguínea. Otra forma de referirnos a estos problemas sería: las maldiciones generacionales o la iniquidad que fue traspasada por nuestra familia a nosotros y que nos lleva a hacer cosas con los motivos incorrectos.

Durante los años que tengo en el ministerio, he aprendido que algunas personas han heredado maldiciones generacionales, las cuales les impiden desarrollar su carácter satisfactoriamente, y que si presentan estas fallas repetitivamente, es debido a que existen demonios encargados de llevarlas a cabo a través de la misma línea sanguínea, de generación en generación, hasta que ese derecho le sea cortado por el poder de Jesús cuando la persona recibe liberación. También, se conoce que, genética y biológicamente, una persona puede heredar ciertas debilidades, que son raíces del carácter, con problemas muy profundos. Algunos de nosotros, hemos crecido con fallas de carácter debido a la semilla mala, problemas de las raíces del carácter y pensamientos equivocados de nosotros mismos. Por tanto, si esto nos lleva a actuar de una forma contraria a la palabra de Dios, eso no es del Señor. Por esto, debemos ser transformados y cambiados, lidiando con cada falla antes de que sea demasiado tarde. Algunas de estas fallas se pueden tratar con la palabra de Dios, otras, como los problemas de las raíces del carácter, deben ser tratadas con liberación. Debemos trabajar para mejorar nuestro carácter y parecernos cada día más a Jesús.

Mi oración y deseo es que el Señor me guarde de dejar de aprender de otros hombres de Dios, cuyos dones y experiencias vividas son de gran ayuda para mí y para todos aquellos que tienen una mentalidad de discípulo (dispuestos a aprender todo el tiempo). Si tenemos esto en cuenta, no cometeremos los mismos errores, y podremos poner de nuestra parte para realizar estrategias, que nos permitan desarrollar el plan y el propósito que Dios tiene para cada individuo y ministerio.

El fin de este capítulo no es criticar ni juzgar a los grandes hombres de Dios que a continuación vamos a mencionar, sino más bien, buscar la edificación del lector a través de todas sus experiencias, ya sean positivas o negativas, estableciendo la importancia de tener el carisma y el carácter a un mismo nivel para no perder, en un momento, lo que costó tanto esfuerzo, como lo es un ministerio o una familia. Con esto en mente, analicemos las siguientes experiencias:

1. David, quien tenía un corazón conforme al de Dios, por una debilidad en su carácter, cometió adulterio y asesinato.

2. Sansón. Bajo el poder del Espíritu Santo, hizo grandes hazañas; creía que podía hacer cualquier cosa, pero tuvo una debilidad moral cuando el diablo le envió a Dalila.

3. Jack Coe. Hombre que demostraba una inmensa fe; sin embargo, una agenda tan apretada y la falta de cuidado en su salud, lo llevaron a una muerte temprana.

4. Evan Roberts. Fue un hombre de gozo y oración, una reserva inextinguible de energía; sin embargo, esa aparente invencibilidad del momento, finalmente dio lugar a estar exhausto, hasta que aceptó un descanso del cual nunca más fue visto en la sociedad.

5. John Alexander Dowie. Fue levantado por la unción, y entendía los peligros de la autoexaltación; pero al pasar del tiempo, empezó a cambiar. Cuando obtuvo el éxito, perdió el sentido de desesperación por Dios y alrededor del año 1900, hubo una peculiar erosión de ciertos rasgos de su carácter, algo de engaño y orgullo empujó a este hombre de Dios a una conclusión no escritural que alteró la perspectiva sobre la vida. En 1901, se declaró a sí mismo "Elías, el restaurador".

6. William Branham. Cayó en dificultades financieras por primera vez, y debido a su ingenuidad y falta de cuidado, destruyó su ministerio. Él mantuvo un estilo de vida simple, y no utilizó fondos para su propio beneficio. Sin embargo, como lo escribe David Herrell, "parece irónico que los problemas financieros hubieran caído sobre un evangelista que había esquivado el estilo de vida costoso... Branham evitaba las ganancias personales,

pero no pudo protegerse de los malos administradores".[1]

7. A.A. Allen. Aunque tuvo un trasfondo muy difícil, logró tener un ministerio poderoso. Sus padres habían sido alcohólicos y heredó esta tendencia. Cuando el estrés de su agenda lo trastornó, fue arrestado por manejar alcoholizado. Allen murió de esclerosis en el hígado.

8. Aimee Semple McPeherson. Permitió que el creciente agotamiento, los recurrentes ataques de soledad y niveles elevados de estrés, le hicieran tomar decisiones en el tiempo incorrecto y trajeran críticas constantes de parte de sus seguidores.

Existen varios ciclos que hay que romper para poder cumplir el propósito de Dios hasta el final, tales como: el ciclo de la fatiga, que hace presa al individuo del desánimo; el ciclo de la desilusión, que puede llegar a la decepción cuando se ven resultados diferentes a los esperados; y el ciclo de la prosperidad, que puede bendecir o corromper a una persona.

---

[1] Weaver, pp.93, 94.

Capítulo Dos

El Carisma y el Carácter

¿Qué es carisma?

Es un don dado por Dios al momento de ser llamados a servirle. Por ejemplo, el don dé predicar, enseñar, cantar, etcétera.

Carisma tiene que ver con las habilidades dadas por Dios y el potencial que hay en nosotros, que son regalos de Dios y que para recibirlos no tuvimos que hacer nada.

Hay ministerios que están basados en los dones y habilidades recibidos y no en el carácter. Sin embargo, el carácter de Cristo es desarrollado por los tratos de Dios, y esto se produce de una manera progresiva. Vamos a tratar de estudiar cuidadosamente lo que es carácter.

¿Qué es carácter?

Es el **asiento moral** de una persona, es la vida interna, lo que es por dentro en realidad; es la combinación de cualidades que distinguen a una persona y se demuestra en la acción de un individuo cuando está **bajo presión.**

Finalmente, podemos definir "carácter" de la siguiente manera: Es la suma total de todas las cualidades positivas y negativas en la vida de una persona, conformada por pensamientos, valores, motivaciones, actitudes, intenciones, sentimientos y acciones.

La palabra griega para carácter es *"carakter"*, que también se traduce como ***"imagen"***, y significa estampar, sellar sobre una piedra o madera. Esto da a entender que cuando somos sellados con el Espíritu Santo, Dios nos estampa su imagen para que la modelemos.

"[1]Dios, habiendo hablado muchas veces y de muchas maneras en otro tiempo a los padres por los profetas, [2]en estos postreros días nos ha hablado por el Hijo, a quien constituyó heredero de todo, y por quien asimismo hizo el universo; el cual, siendo el resplandor de su gloria, y la imagen misma de su sustancia, y quien sustenta todas las cosas con la palabra de su poder, habiendo efectuado la purificación de nuestros pecados por medio de sí mismo, se sentó a la diestra de la Majestad en las alturas..."
Hebreos 1.1-3

Lo que no es carácter:

No es lo que la persona dice que hará en el **futuro,** es lo que es hoy y eso es lo que cuenta.

Carácter es lo que la persona refleja en el tiempo presente. Cuando las presiones vienen a la vida de una persona, el verdadero carácter sale a la superficie. Una persona puede actuar de una forma bajo las bendiciones de Dios, pero actuar de otra manera bajo las pruebas, cuando el calor de la vida viene sobre ella.

Carácter no es solamente cómo una persona actúa; carácter también incluye los pensamientos íntimos de una persona, motivaciones y actitudes. Un pensamiento escondido indica el carácter real de la persona. Las motivaciones también son expresiones verdaderas del hombre interior (¿por qué hacemos lo que hacemos?). Por lo tanto, para cambiar el carácter de una persona, hay que ir más profundo, más allá de lo que se percibe en los hechos o actos; pues los actos pueden ser los correctos, pero la motivación de los mismos errada.

El carácter asoma o aflora bajo presión. Las presiones de la vida prueban lo que Dios ha llevado a cabo en el carácter de una persona. Cuando el calor está sobre la vida de una persona, su verdadero carácter sale a la superficie. Las irritaciones de la vida diaria exponen las debilidades en el carácter de cada persona.

¿Cómo responde usted a las presiones y decepciones de la vida?

El carácter es formado bajo situaciones de presión y circunstancias generalmente adversas; por lo tanto, las cualidades que verdaderamente, son parte del carácter de una persona son consistentes con presiones o sin presiones.

Carácter no es solamente lo que las otras personas ven externamente. Carácter es lo que otras personas no ven, pero que está en lo secreto del alma y de la mente. Muchos pueden hacer actos religiosos externos, visibles, pero su vida real, lo interno de ellos, es diferente. Por ejemplo, algunos en la iglesia son muy cariñosos con su familia, pero en la casa, donde nadie los está viendo, la maltratan.

El carácter no está limitado a tener sabiduría y comentar sobre la conducta de otros. Una persona con un verdadero carácter no sólo le dice verbalmente a otra persona lo que debe hacer, sino que ella misma vive como un verdadero ejemplo.

El carácter no está limitado a las relaciones entre cristianos. Creer que no es importante el modo en que los cristianos actúan hacia los no-creyentes, es una mentira. El carácter muestra los principios de Dios en su trato con todas las personas. Por ejemplo, un cristiano debe modelar a un jefe que no es creyente, obedeciéndole y sometiéndose a sus órdenes.

El carácter no está limitado a la relación de una persona con su familia espiritual, sino también, a cómo se relaciona con su familia natural. Un cristiano muestra su fe y amor de Dios según la manera en que trata a su familia inmediata. El carácter de un hombre o mujer puede ser discernido según la manera en que respeta y honra a sus padres.

El carácter en una persona puede compararse con un árbol y su sombra; donde la persona es el árbol y la reputación su sombra. La sombra es lo que el árbol refleja, es decir, lo que pensamos de ese árbol; pero solamente el árbol tiene y conoce su verdadera sustancia. Los líderes de Dios deben ser personas que, no solamente, proyectan sombra, sino que también tienen la sustancia en sus vidas.

Hay un llamado a desarrollar el carácter de Jesús en nosotros. Como un resumen a lo que debe ser el carácter de Cristo en nosotros, podemos decir que es lo que somos internamente, lo que pensamos y por qué somos motivados. También, es lo que somos tanto en público como en privado;

íntegros, transparentes, fieles, de una sola cara, de una sola bandera y así sucesivamente. Hagámonos ciertas preguntas para saber si, verdaderamente, tenemos el carácter de Cristo desarrollado en nosotros. ¿Soy alguien que vive lo que habla? ¿Soy alguien que pierde el genio cuando está bajo presión o mantengo la calma y busco la paz? ¿Comprometo mis principios cuando nadie me está viendo? ¿Trato a los no-creyentes de igual modo que a los creyentes? ¿Actúo igual en público y en privado?

¿Cómo se desarrolla el carácter?

A través de los tratos de Dios, por la palabra de Dios y el Espíritu Santo, y por medio de las pruebas y las circunstancias.

¿Cuál es el carácter de los hombres de los últimos tiempos?

"[1]También debes saber esto: que en los postreros días vendrán tiempos peligrosos. [2]Porque habrá hombres amadores de sí mismos, avaros, vanagloriosos, soberbios, blasfemos, desobedientes a los padres, ingratos, impíos, [3]sin afecto natural, implacables, calumniadores, intemperantes, crueles, aborrecedores de lo bueno, [4]traidores, impetuosos, infatuados, amadores de los deleites más que de Dios, [5]que tendrán

apariencia de piedad, pero negarán la eficacia de ella; a éstos evita". 2 Timoteo 3.1-4

Amadores de sí mismos: egoístas y egocéntricos. Éste es el tipo de individuo que lo que busca es el beneficio personal y no el de los demás. Es egoísta, dicen o demuestran con sus actos que son los primeros, los segundos y los terceros; no hay un espacio para nadie más.

Avaros: enamorados del dinero. Son aquellos que tienen un deseo incontrolable de tener más y más, para su propia gratificación y ambición. Quieren tener más a costa de lo que sea. Menosprecian a los demás por su nivel intelectual, raza y país; además, se jactan de sus logros.

Orgullosos: se creen mejores que otros.

Blasfemos: no tienen respeto y acostumbran decir palabras injuriosas en contra de Dios y de las personas que los rodean.

Ingratos: no son agradecidos y toman ventaja de otros.

Traidores: son insensibles, desleales e infieles para con Dios y sus líderes. Son leales hasta que viene una oportunidad mejor y se van con otras personas que les ofrezcan mejores tratos o negocios.

Reprobados en cuanto a la fe: apóstatas de la gracia de Dios. No tienen temor de Dios y su conciencia se ha cauterizado.

Tienen la conciencia cauterizada: no saben distinguir lo bueno de lo malo por causa del pecado continuo.

Seducidos por espíritus malos: dieron lugar para que el enemigo los saque de la verdad.

Es importante saber que, a lo mejor, no tenemos todas estas características; pero si hay una o más de éstas en nuestra vida, tenemos que corregirlas.

El líder cristiano y el discípulo deben desarrollar su carácter basado en los siguientes puntos importantes:

La vida espiritual: la relación de todo líder con Dios es edificada sobre el carácter de Jesús, como también, con la profundización de la Palabra y la oración. Tenemos que ser líderes que dependemos de Dios totalmente y que nuestra prioridad sea nuestra relación con Dios.

La vida personal: los hábitos, el estilo de vida y los patrones que un líder desarrolle tendrán una fuerte influencia sobre el ministerio que reciba de Dios.

La vida del hogar: todo líder debe tener su casa en orden, esto es un buen ejemplo para sus hijos y su familia. Sin el carácter de Cristo, no se puede edificar una buena familia.

La vida social: las amistades que escoge un discípulo o un líder reflejan su carácter. Todo buen discípulo debe ser leal y aceptar a sus amistades tanto en los momentos difíciles como en los momentos buenos. Debemos escoger personas que anden en integridad, que nos influencien a buscar de Dios, que nos acerquen al Señor y que siempre nos digan la verdad acerca de nuestra condición.

La vida educacional: la educación, por sí sola, no es suficiente para edificar un buen carácter; pero sí, el carácter es desarrollado a través de la disciplina de la vida. La educación combinada con el carácter de Cristo, viene a ser una fuerza poderosa.

La vida ministerial: todo ministerio fundamentado en un buen carácter cristiano está destinado al éxito. El fundamento del ministerio es el carácter (vida interior profunda con Dios). Hay muchos creyentes que invierten la mayor parte de su tiempo tratando de encontrar cuál es el llamado de Dios para su vida; pero, nunca invierten sus fuerzas y energía en tratar de cambiar su carácter, cuando en realidad, es éste el que sostiene el edificio de toda nuestra vida.

La vida física: todo buen discípulo debe tener cuidado de su cuerpo, ya que somos templo del Espíritu Santo.

La vida financiera: Jesús dijo que, si un hombre no podía ser fiel en lo poco (es decir, en cómo manejar el dinero), quién le confiaría las verdaderas riquezas espirituales.

El carácter de Dios en la vida financiera de un líder se demuestra cuando diezma y ofrenda continuamente en su iglesia local. ¿Cómo le podemos pedir al pueblo que diezme y ofrende si nosotros mismos no lo hacemos?

La diferencia entre el carácter y la personalidad

¿Qué es la personalidad? Es el temperamento con el cual fuimos creados; nacimos con él, nos fue dado por Dios.
Hay cuatro tipos de temperamentos:

1. Colérico

2. Melancólico
3. Flemático
4. Sanguíneo

Las personas que son:

Sanguíneas se divierten y divierten a los demás. Nunca les hace falta amigos, pues disfrutan estar con la gente. Se hacen parte de las alegrías y los dolores ajenos, son cariñosas. Frecuentemente, no piensan antes de hablar, son extrovertidas. Su energía y disposición les permiten atravesar los obstáculos que se les presentan. Las personas con este tipo de temperamento son exitosas como líderes y vendedoras.

Coléricas son de genio vivo y de fuerte voluntad. Tienen muchas ideas para realizar mejor su trabajo. Tienen la facilidad para tomar decisiones y hacer proyectos. Son perseverantes en lo que se proponen. No se mueven por compasión. Las personas con temperamento colérico son bastante organizadas, tienden a ser dominantes y mandonas. Son buenas ejecutivas.

Melancólicas son perfeccionistas; con frecuencia son autosuficientes y emocionalmente hipersensibles. Su humor es cambiante y, generalmente, son dominadas por sus emociones. Se inclinan a ser introvertidas, les cuesta hacer amigos, son muy responsables. Su capacidad analítica les permite diagnosticar los peligros que se puedan presentar en determinado proyecto; son desconfiadas. Le encuentran sentido a la vida a través del sacrificio personal. Son exitosas en las artes.

Flemáticas toman la vida con tranquilidad y tratan de no involucrarse en los problemas de los demás. Pocas veces se irritan; generalmente, tienen control sobre sus emociones. Son de mente ágil, aunque procuran ser espectadoras. Son simpáticas y no demuestran liderato, pero cuando las circunstancias lo exigen, lo hacen muy bien.

Cada persona tiene un poquito de cada uno, pero siempre hay dos de ellos bien acentuados.

Dios no está interesado en cambiar su temperamento o su personalidad. Usted nació y fue hecho colérico, melancólico, sanguíneo o flemático porque Dios lo quiso así; y si hay características propias de cada uno de los temperamentos que lo conducen a pecar, el Señor quiere moldear ese temperamento por medio del Espíritu Santo, para que sea conforme a la imagen de Cristo.

Capítulo Tres

Cualidades y Virtudes del Carácter de un Líder

¿Quién es un hombre o un líder de Dios? ¿Cómo reconoceremos una persona madura espiritualmente? El apóstol Pablo, escribiendo a Timoteo, nos da una lista de calificaciones para llegar a ser un verdadero líder y discípulo del Señor. Recuerde, el hombre de Dios no aparece de repente, sino que es formado a través de un proceso lento y a través de los tratos de Dios. Vamos a estudiar cuidadosamente cada una de estas cualidades y virtudes que Pablo escribió en la carta a Timoteo.

"[2]Pero es necesario que el obispo sea irreprensible, marido de una sola mujer, sobrio, prudente, decoroso, hospedador, apto para enseñar; [3]no dado al vino, no pendenciero, no codicioso de ganancias deshonestas, sino amable, apacible, no avaro; [4]que gobierne bien su casa, que tenga a sus hijos en sujeción con toda honestidad [5](pues el que no sabe gobernar su propia casa, ¿cómo cuidará de la iglesia de Dios?); [6]no un neófito, no sea que envaneciéndose caiga en la condenación del diablo. [7]También es necesario que tenga buen testimonio de los de afuera, para que no caiga en descrédito y en lazo del diablo".

1 Timoteo 3.2-7

"⁶El que fuere irreprensible, marido de una sola mujer, y tenga hijos creyentes que no estén acusados de disolución ni de rebeldía. ⁷Porque es necesario que el obispo sea irreprensible, como administrador de Dios; no soberbio, no iracundo, no dado al vino, no pendenciero, no codicioso de ganancias deshonestas, ⁸sino hospedador, amante de lo bueno, sobrio, justo, santo, dueño de sí mismo, ⁹retenedor de la palabra fiel tal como ha sido enseñada, para que también pueda exhortar con sana enseñanza y convencer a los que contradicen". Tito 1.6-9

Irreprensible. Esta palabra significa sin mancha, tener integridad, incuestionable, irreprochable, que tenga un carácter que no dé lugar a ser juzgado. Es alguien que nadie pueda llevar a cuentas porque no da lugar a hacerlo, no da lugar para ser acusado; alguien que tiene reputación intachable, sin mancha.

Cuando mencionamos estas características no estamos hablando de alguien perfecto, estamos hablando de una persona la cual tiene una vida íntegra y recta delante de Dios; tiene faltas y debilidades, pero vive de acuerdo a los principios de Dios.

Marido de una sola mujer. Esto significa que el líder debe casarse con una sola mujer, y no vivir en bigamia.

El líder debe ser marido de una sola mujer. Debe ser un hombre que no es acusado de promiscuidad, o sea, tener relaciones con otra mujer que no sea su esposa. Tampoco, da lugar a ser criticado por su comportamiento hacia el sexo opuesto; inclusive, evita la apariencia de malicia.

Sobrio. Tener dominio propio y ser disciplinado. Todo discípulo o líder debe tener control sobre los siguientes aspectos:

Dominio sobre los apetitos y afectos (apetitos carnales y emocionales). Es un hombre o mujer que es discreto en su hablar (controla su lengua), no pierde su balance físico, emocional y espiritual; tampoco su perspectiva cuando está bajo presión. Es estable y firme, y siempre piensa claro lo que desea. Tampoco es controlado por los apetitos de la carne, tales como: dormir, comer, deseos sexuales, entre otros.

Prudente. Esta virtud significa tener una mente sobria, no dada a las fantasías de la mente ni a las fantasías emocionales. Alguien que no entretiene ni juega con malos pensamientos. Tiene una mente segura y un juicio seguro. No juega con pensamientos de venganza, amargura, juicio, sexo, orgullo, etcétera. Prudente significa que no es dominado por malos pensamientos de algún tipo.

Decoroso. De buena conducta. El líder debe tener modestia, orden y disciplina; debe tener una vida respetable. Es alguien decoroso, ordenado, moderado, no vano, no vacío y tiene una compostura que no trae reproche al Señor.

Un hombre y una mujer decorosos tienen un estilo de vida que adorna las enseñanzas de la Biblia. Su modo de vestir, su apariencia en el hogar y en la oficina siempre adornan el testimonio de Cristo. Dios es un Dios de orden, por lo tanto, debemos ser ordenados y decorosos.

Hospedador. Esta palabra simplemente significa llevar personas a su casa, atenderlos y ayudarlos mientras estén en ella. Recordemos que cuando hospedamos personas, vamos a ser amables tanto con los cristianos como con los no cristianos. El amor debe ser sin fingimiento.

Apto para enseñar. Esto es la habilidad de enseñar de una manera eficaz. La palabra griega enseñar es "***didaktikos***", que viene de la palabra castellana didáctica, y significa ser capaz de impartir o comunicar una verdad con sabiduría y unción de Dios. También, puede ser traducido como ***enseñable***, y se refiere a la calidad de vida del que enseña; por ejemplo, humilde, sensitivo y deseoso de conocer la voluntad de Dios. Una persona "*didaktikos*" no busca argumentos para discutir con otra; es sensitiva a la gente, aun con aquellos que están confusos, obstinados y amargados. Cuando es atacado verbal o físicamente, no responde con palabras cortantes e hirientes, sino que lleva una vida de dominio propio.

Toda persona que enseña debe ser apto para enseñar, para aprender y ser enseñado. Los maestros **aprenden** más de la palabra; progresivamente, **creen** más en la Palabra, y progresivamente, **viven** más la Palabra.

No dado al vino. "[7]*Porque es necesario que el obispo sea irreprensible, como administrador de Dios; no soberbio, no iracundo, no dado al vino, no pendenciero, no codicioso de ganancias deshonestas..." Tito 1.7*

"[1]*El vino es escarnecedor, la sidra alborotadora, y cualquiera que por ellos yerra no es sabio". Proverbios 20.1*

Literalmente, en el original griego dice:

"No estar ni siquiera cerca del vino; uno que se sienta lejos del vino".

No debemos hacer cosas que sean de tropiezo a nuestros hermanos, y el tomar vino podría se uno de ellos.

"[21]Bueno es no comer carne, ni beber vino, ni nada en que tu hermano tropiece, o se ofenda, o se debilite". Romanos 14.21

No soberbio. Ningún líder debe ser dominado por intereses personales, no debe agradarse a sí mismo, no debe ser arrogante, presuntuoso ni dado a la gratificación personal. Una persona soberbia es aquella que tiene altivez, es voluntariosa, egoísta y arrogante; es aquella que tiene una forma de funcionar y no acepta cambios; todo lo hace "a su manera", pero la palabra nos ordena a no ser soberbios. Tenemos que hacer las cosas conforme a la voluntad del Señor. El soberbio nunca pone sus deseos a un lado para servir a otros, y si finalmente lo hace, lo hace de mala gana. El hombre y la mujer soberbia edifican el mundo alrededor de él o ella, es su propia autoridad, y dicen esto: agrádenme, atiéndanme, ámenme, paren todo por mí.

Si usted es una persona arrogante, hágase las siguientes preguntas:

Generalmente o siempre, ¿consigo las cosas a mi manera? ¿Tengo dificultad para admitir mis errores? ¿Gobierno mi casa como un dictador? ¿Uso frases como: "hazlo porque así lo digo"?

El hombre y la mujer madura en Cristo nunca van a dominar ni a controlar a otros, aún cuando él o ella tengan buena voluntad.

No iracundo. Es no airarse rápidamente, no tener un temperamento explosivo, no ser irritable, no ser provocado fácilmente. Una persona que no es iracunda, es capaz de gobernar su propio espíritu.

La palabra de Dios dice: "*Airaos pero no pequéis*" (Efesios 4.26), y además dice: "*seamos lentos para airarnos...*" *Santiago 1.19, 20*

Todo líder, ya sea hombre o mujer, que es lento para airarse. Encuentra que es mucho más fácil cooperar en el mover del Espíritu Santo. Recuerde, Moisés tenía un problema con la ira.

"[8]*Toma la vara, y reúne la congregación, tú y Aarón tu hermano, y hablad a la peña a vista de ellos; y ella dará su agua, y les sacarás aguas de la peña, y darás de beber a la congregación y a sus bestias.* [9]*Entonces Moisés tomó la vara de delante de Jehová, como él le mandó.* [10]*Y reunieron Moisés y Aarón a la congregación delante de la peña, y les dijo: ¡Oíd ahora, rebeldes! ¿Os hemos de hacer salir aguas de esta peña? [11]Entonces alzó Moisés su mano y golpeó la peña con su vara dos veces; y salieron muchas aguas, y bebió la congregación, y sus bestias. [12]Y Jehová dijo a Moisés y a Aarón: Por cuanto no creísteis en mí, para santificarme delante de los hijos de Israel, por tanto, no meteréis esta congregación en la tierra que les he dado". Números 20.8-12*

Moisés golpeó la roca, mató un Egipcio y Dios lo usó así. Todos los creyentes tenemos la esperanza de ser usados aunque seamos iracundos, siempre y cuando cambiemos en esta área.

No pendenciero. La persona pendenciera es aquella que pierde el control sobre sus sentidos, y es controlada por la ira. Siempre está lista para pelear y argumentar. Por ejemplo, cuando Pedro le cortó la oreja al soldado romano. Si un líder no tiene control sobre la ira, lo que le ha tomado años para edificar, lo puede destruir en un minuto.

"[10]Entonces Simón Pedro, que tenía una espada, la desenvainó, e hirió al siervo del sumo sacerdote, y le cortó la oreja derecha. Y el siervo se llamaba Malco". Juan 18.10

Apacible. Es una persona pacificadora, que se deja corregir fácilmente. Lo opuesto de una persona apacible es una persona contenciosa, a la cual le gusta dominar a otros, porque en realidad se siente insegura y a la defensiva. De algo pequeño, hace una montaña; no está feliz si no se siente que está en control. No está dispuesta a servir ni a estar bajo la autoridad de nadie. No está dispuesta a ceder ni a ser flexible, pues todo es "a mí manera" y no hay ninguna otra manera de hacerlo. Por lo general, este tipo de persona es celosa y egoísta, motivada por el orgullo. Dios nos manda a ser líderes apacibles, personas que siempre busquen la paz con los demás. Cuando un líder tiene un espíritu apacible, pone fin a la contienda dondequiera que va.

Amable. Es una persona que es paciente, gentil, considerada, sobrellevadera, dulce y tierna. La característica principal de un líder amable, es que sabe cómo tratar a la gente, tanto en la iglesia como fuera de ella.

"[1]Hermanos, si alguno fuere sorprendido en alguna falta, vosotros que sois espirituales, restauradle con espíritu de mansedumbre, considerándote a ti mismo, no sea que tú también seas tentado. [2]Sobrellevad los unos las

cargas de los otros, y cumplid así la ley de Cristo". Gálatas 6.1

Debemos restaurar con un espíritu de mansedumbre. La restauración debe ser hecha con amabilidad y ternura. Hay líderes que no saben ser amables con sus seguidores, y algunas veces les niegan hasta el saludo. Un líder que no sabe tratar a las personas, tiene muy pocos seguidores. Lo opuesto de ser amable es alguien que es hiriente, sarcástico, cruel y áspero.

No codicioso de ganancias deshonestas (que no adquiere cosas de forma deshonesta). También, significa una persona libre del amor al dinero, que no codicia las posiciones de otros, que no es avara con el dinero y con las cosas materiales. Esta virtud es importante desarrollarla, ya que muchos hombres de Dios han caído por la codicia. La palabra de Dios dice que el amor al dinero es la raíz de todos los males. La codicia se define como el deseo de tener más y más todo el tiempo y a toda costa, aun a expensas de nuestra propia familia y de nuestro servicio a Dios. La persona que siente codicia en el corazón puede caer en cualquier pecado, puede ser desleal e infiel. Cuando un líder siente codicia por el dinero, puede ser muy peligroso, porque el tener mucho dinero puede llevarlo a la destrucción, y el tener poco dinero, lo puede llevar a una trampa para conseguirlo.

El líder debe gobernar su casa. Todo buen líder debe gobernar y controlar su familia, finanzas y posesiones de una manera excelente. Este pasaje de la escritura está hablando de que una persona que esté bajo liderazgo, debe ser alguien cuyos hijos sean un buen ejemplo, que sean hijos sumisos y no rebeldes, y además, que toda su familia esté en orden.

No un neófito. Una persona neófita es aquella que ha sido plantada hace poco tiempo, que todavía no tiene madurez espiritual en la fe. No se refiere a un joven en edad, sino al que le hace falta madurez espiritual. Es alguien que está todavía en pañales espirituales. Por ejemplo, las personas que vienen del mundo, que son cantantes, artistas y famosos, e inmediatamente, les asignan un liderazgo, el resultado es, que terminan haciendo locuras. Un neófito es alguien que es llevado fácilmente por falsas doctrinas; puede ser engañado, es de doble ánimo, y su madurez se manifiesta cuando habla.

La connotación que tiene la palabra ***neófito*** es una persona que puede ser fácilmente llevada o envuelta por un humo. Alguien que no tiene raíces, un principiante inmaduro que está empezando. Por eso, la Palabra dice que no le podemos dar el púlpito a un neófito porque puede caer en el lazo del diablo.

"[6]...no un neófito, no sea que envaneciéndose caiga en la condenación del diablo".
1 Timoteo 3.6

Retenedor de la Palabra Fiel. Todo líder debe tener una fuerte convicción de la palabra de Dios, debe saber las escrituras y la doctrina correcta.

"[9]...retenedor de la palabra fiel tal como ha sido enseñada, para que también pueda exhortar con sana enseñanza y convencer a los que contradicen". Tito 1.9

Ser un retenedor de la palabra fiel, involucra:

- ❖ Nunca estar dispuesto a comprometer la verdad.
- ❖ Debe tener una convicción profunda de la infalible autoridad de la Palabra.
- ❖ Debe ser sincero con lo que dice, y no pararse entre dos personas diciendo una cosa a una, y después, decir lo opuesto a la otra.

Una persona que es redentora de la Palabra, la oye, la practica y la vive.

Fiel. Una persona fiel es aquella de quien se puede depender, y tiene la habilidad de hacer un trabajo de continuo sin dejarlo y sin desmayar.

La fidelidad se manifiesta de dos maneras:

- Para con Dios.
- Para con los líderes que están sobre nosotros.

Tenemos que ser fieles a Dios para poder ser fieles a las demás personas.

Algunas palabras sinónimas de fidelidad son:

Leal. Implica una firme resistencia a cualquier tentación de desertar o traicionar en un momento de crisis o tentación. El hombre y la mujer fiel no deserta ni traiciona.

Constante. Es mantenerse firme y persistente con una estricta obediencia a las promesas o a los votos que se han hecho a Dios y a los hombres. El hombre y la mujer fiel se mantienen firmes aun cuando están bajo presión a los votos y a las promesas que han hecho.

Compromiso. Es el acto de darse uno mismo; entregarse, comprometerse en un trabajo en espíritu, alma y cuerpo, sin ningún pensamiento de irse o dejarlo. La mayor virtud que Dios busca en un hombre es la fidelidad. Dios escoge a los líderes, basándose en la fidelidad y no en los dones. Hoy día, existe una gran falta de compromiso en el cuerpo de Cristo; por esta razón, necesitamos líderes ungidos.

Por ejemplo, Juan el Bautista es el profeta más grande que ha existido, más grande que Elías, Moisés y otros, dicho por Jesús. Él nunca hizo un milagro; simplemente, fue fiel a lo que Dios lo llamó a hacer. Si queremos ser exaltados delante de Dios, debemos ser fieles con el Señor.

Para saber si somos fieles o no, hagámonos las siguientes preguntas:

¿Soy confiable?, ¿soy alguien del cual se puede depender?, ¿hago mi trabajo de continuo, firme y no lo dejo por las presiones y los problemas de la vida? ¿Soy un hijo de Dios, una hija de Dios fiel?, ¿dentro de mi carácter está la fidelidad?, ¿he dejado de servir por alguna presión de la gente?, ¿he dejado alguna vez mi trabajo sin terminar? Mi jefe, mi pastor y mi familia, ¿pueden depender de mí?, ¿he tenido pensamientos y deseos en mi corazón de irme de la casa o iglesia cuando he tenido problemas?

¿Estoy comprometido o entregado a Dios, mi familia, la iglesia, mi pastor y mi trabajo?

Las tres pruebas de la fidelidad son:

1. Dios nos prueba en cosas pequeñas.

Una de estas cosas es el dinero (diezmos y ofrendas) y el trabajo en la iglesia y fuera de la iglesia que a nadie le gusta hacer; que son las cosas que se hacen fuera de la vista humana y detrás de las escenas.

"[10]El que es fiel en lo muy poco, también en lo más es fiel; y el que en lo muy poco es injusto, también en lo más es injusto. [11]Pues si en las riquezas injustas no fuisteis fieles, ¿quién os confiará lo verdadero? [12]Y si en lo ajeno no fuisteis fieles, ¿quién os dará lo que es vuestro? [13]Ningún siervo puede servir a dos señores; porque o aborrecerá al uno y amará al otro, o estimará al uno y menospreciará al otro. No podéis servir a Dios y a las riquezas". Lucas 16.10-13

2. Dios nos prueba en la casa y metas de otro hombre.

Nuestra fidelidad es probada en aquello que no es nuestro, pero servimos en ese lugar. Por ejemplo: Moisés trabajaba para su suegro.

"[1]Apacentando Moisés las ovejas de Jetro su suegro, sacerdote de Madián, llevó las ovejas a través del desierto, y llegó hasta Horeb, monte de Dios. [2]Y se le apareció el Angel de Jehová en una llama de fuego en medio de una zarza; y él miró, y vio que la zarza ardía en fuego, y la zarza no se consumía".
Éxodo 3.1, 2

Dios nos lleva a servirle a un hombre para que ese hombre cumpla sus metas. También, lo podemos ver cuando David apacentaba las ovejas de su padre.

"[15]Pero David había ido y vuelto, dejando a Saúl, para apacentar las ovejas de su padre en Belén". 1 Samuel 17.15

3. La prueba de la fidelidad con el dinero.

Dios nos prueba con el dinero, pues si no se nos puede confiar el dinero, tampoco se nos podrá confiar las verdaderas riquezas, como lo son: la revelación de la Palabra, la unción, la autoridad y el poder. Otra forma de perder dinero o robarlo, es cuando perdemos el tiempo en nuestro trabajo hablando por teléfono, tomando más tiempo de lo normal para el almuerzo, llegando tarde o saliendo antes del horario establecido, y así sucesivamente.

Cuando somos encontrados fieles en la visión de otro hombre, entonces estamos listos para que Dios nos confíe lo nuestro. La fidelidad nos guarda de caer.

El progreso de la fidelidad de un hombre

Después de pasar las pruebas anteriores, Dios nos lleva a otros niveles para probar el crecimiento de nuestra fidelidad en:

Habilidades. Dios nos prueba en los talentos. Las tres primeras pruebas tienen que ver con el desarrollo de nuestro carácter, una vez que hemos sido aprobados, entonces el Señor comienza a confiarnos más de Él en nuestro carisma, talentos y habilidades.

"[15]A uno dio cinco talentos, y a otro dos, y a otro uno, a cada uno conforme a su capacidad; y luego se fue lejos". Mateo 25.15

Responsabilidad con la autoridad que ha sido delegada. ¿Podemos confiar en los que están debajo de nosotros? ¿Podemos someternos a aquellos que están sobre nosotros? Cuando se nos confían personas, ¿las maltratamos o las amamos? ¿Somos responsables en honrar a nuestro líder? ¿Hacemos las cosas a nuestra manera cuando nadie nos está mirando? ¿Hemos sido tentados a cambiar cuando nos siguen muchas personas?

"[34]Es como el hombre que yéndose lejos, dejó su casa, y dio autoridad a sus siervos, y a cada uno su obra, y al portero mandó que velase".
Marcos 13.34

El dar cuentas. Recordemos que una de las cosas que siempre nos mantendrá en el camino correcto de Dios, es saber que un día tendremos que dar cuentas a Dios; y aquí en la tierra, tenemos que dar cuentas a las autoridades de todo lo que hagamos, porque eso agrada al Señor. El dar cuantas siempre es una cualidad de un líder obediente y sumiso.

"[2]Entonces le llamó, y le dijo: ¿Qué es esto que oigo acerca de ti? Da cuenta de tu mayordomía, porque ya no podrás más ser mayordomo".
Lucas 16.2

Dios nos prueba con la autoridad. Algunas veces, nuestra propia madurez nos llevará a ejercitar la autoridad de Dios sin herir a nadie, y compartir con personas e influenciarlas para Cristo.

La madurez es la calidad o la habilidad que una persona posee para aceptar las diferentes opiniones de otros, tales como: puntos de vista, personalidades, caracteres y posiciones sin ofenderse. Es el producto de la seguridad de quiénes somos en Cristo, es el poder aceptar las críticas sin ofendernos. Dios nos va a confiar su autoridad, su unción, su poder, aun los seres humanos cuando hayamos sido encontrados fieles.

Hay muchos líderes que cuando se les delega autoridad, cambian automáticamente. La autoridad los lleva a enorgullecerse, "se les va la cabeza". Otros cambian de sumisos a rebeldes y maltratan a las personas. Dios nos confía su autoridad y espera que seamos maduros para que pasemos la prueba.

Conclusión

Una falla en el carácter, inevitablemente, interrumpirá el fluir del Espíritu Santo. Muchos hombres de Dios se han hecho susceptibles al engaño cuando se empezaron a preocupar por diversos asuntos y no buscaron la perfecta voluntad de Dios en todos ellos. No obstante, otros factores importantes que han contribuido o se han convertido en la causa de la caída de varios hombres de Dios, son la inhabilidad para recibir consejos de otros, la autosuficiencia, el orgullo, la avaricia, el materialismo, los escándalos de relaciones con prostitutas, apropiación y distribución indebida de fondos, exageración de números, manipulación, cansancio físico, distorsión de la verdad bíblica, residuos del trasfondo familiar, entre otros. Todos estos factores son el resultado de tener el carisma y el carácter en un nivel diferente.

Algunas de las soluciones a estos problemas son:

- Conocer a Dios y quiénes somos en Él verdaderamente.

- Ser disciplinados con la agenda y tener la capacidad de organizar detalles con la facilidad de delegar.

- Cuidar el cuerpo físico y tener la capacidad para sostenerse bajo cualquier circunstancia.

"[6]Por nada estéis afanosos, sino sean conocidas vuestras peticiones delante de Dios en toda oración y ruego, con acción de gracias. [7]Y la paz de Dios, que sobrepasa todo entendimiento, guardará vuestros corazones y vuestros pensamientos en Cristo Jesús". Filipenses 4.6, 7

BIBLIOGRAFÍA

Biblia de Estudio Arco Iris. Versión Reina-Valera, Revisión 1960, Texto bíblico copyright© 1960, Sociedades Bíblicas en América Latina, Nashville, Tennessee, ISBN: 1-55819-555-6.

Biblia Plenitud. Versión Reina-Valera, Revisión 1960, ISBN: 089922279X, Editorial Caribe, Miami, Florida.

Diccionario Español a Inglés, Inglés a Español. Editorial Larousse S.A., impreso en Dinamarca, Núm. 81, México, ISBN: 2-03-420200-7, ISBN: 70-607-371-X, 1993.

El Pequeño Larousse Ilustrado. 2002 Spes Editorial, S.L. Barcelona; Ediciones Larousse, S.A. de C.V. México, D.F., ISBN: 970-22-0020-2.

Expanded Edition the Amplified Bible. Zondervan Bible Publishers. ISBN: 0-31095168-2, 1987 - lockman foundation USA.

Lahaye, Tim. *Temperamentos controlados por el Espíritu.* Publicado por la Editorial Unilit, Miami, FL, 33172. Tercera edición 1990, impreso en los Estado Unidos de América, ISBN: 8423-6254-1, producto número 490212.

McIntosh, Ron. *Desesperados por el Avivamiento,* Copyright 2000. Publicado por la Editorial Peniel,

Boedo 25 (1260) Buenos Aires - Argentina, Impreso en Colombia, ISBN: 987-9038-38-X

Reina-Valera 1995, Edición de Estudio, (Estados Unidos de América: Sociedades Bíblicas Unidas) 1998.

Strong James, LL.D, S.T.D., *Concordancia Strong Exhaustiva de la Biblia*, Editorial Caribe, Inc., Thomas Nelson, Inc., Publishers, Nashville, TN - Miami, FL, EE.UU., 2002. ISBN: 0-89922-382-6.

The New American Standard Version. Zordervan Publishing Company, ISBN: 0310903335, pages 255-266.

The Tormont Webster's Illustrated Encyclopedic Dictionary. ©1990 Tormont Publications. Pages 255-266.

Vine, W.E. *Diccionario Expositivo de las Palabras del Antiguo Testamento y Nuevo Testamento.* Editorial Caribe, Inc./División Thomas Nelson, Inc., Nashville, TN, ISBN: 0-89922-495-4, 1999.

Ward, Lock A. *Nuevo Diccionario de la Biblia.* Editorial Unilit: Miami, Florida, ISBN: 0-7899-0217-6, 1999.

NUESTRA VISIÓN

...expandiendo la palabra de Dios a todos los confines de la tierra.

LÍDERES QUE CONQUISTAN

Guillermo Maldonado
ISBN: 1-59272-022-6

DESCUBRA SU PROPÓSITO Y SU LLAMADO EN DIOS

Guillermo Maldonado
ISBN: 1-59272-037-4

EL PERDÓN

Guillermo Maldonado
ISBN: 1-59272-033-1

LA FAMILIA FELIZ

Guillermo Maldonado
ISBN: 1-59272-024-2

EVANGELISMO SOBRENATURAL

Guillermo Maldonado
ISBN: 1-59272-013-7

FUNDAMENTOS BÍBLICOS PARA EL NUEVO CREYENTE

Guillermo Maldonado
ISBN: 1-59272-005-6

LA ORACIÓN

Guillermo Maldonado
ISBN: 1-59272-011-0

LA DEPRESIÓN

Guillermo Maldonado
ISBN: 1-59272-018-8

LA MADUREZ ESPIRITUAL

Guillermo Maldonado
ISBN: 1-59272-012-9

LA GENERACIÓN DEL VINO NUEVO

Guillermo Maldonado
ISBN: 1-59272-016-1

SANIDAD INTERIOR Y LIBERACIÓN

Guillermo Maldonado
ISBN: 1-59272-002-1

LA UNCIÓN SANTA

Guillermo Maldonado
ISBN: 1-59272-003-X

EL CARÁCTER DE UN LÍDER

Guillermo Maldonado
ISBN: 1-59272-120-6

LA LIBERACIÓN EL PAN DE LOS HIJOS

Guillermo Maldonado
ISBN: 1-59272-086-2

MANUAL DE ESTUDIO PARA GRUPOS FAMILIARES

Guillermo Maldonado
ISBN: 1-59272-148-6

MANUAL DE VIDA

Ana Maldonado
ISBN: 1-59272-226-1

DE LA ORACIÓN A LA GUERRA

Ana Maldonado
ISBN: 1-59272-137-0

DÉBORAS AL FRENTE DE LA BATALLA

Ana Maldonado
ISBN: 1-59272-248-2